DOM LABBÉ

NOTICE

sur les origines de la

VILLE DE CHAUNY

PUBLIÉE PAR

Georges LECOCQ

Secrétaire-Général Archiviste de la Société Académique de Saint-Quentin, Membre
de la Société de l'Histoire de Paris et de l'Ile-de-France, de la Société
Linnéenne du Nord de la France, titulaire ou résidant de la Société
des Antiquaires de Picardie, Correspondant de l'Orient
Latin, et des Sociétés savantes de
Cambrai, Compiègne, Douai,
Laon, Noyon, Vervins,
etc., etc.

SAINT-QUENTIN

Imprimerie Ch. POETTE, rue Croix-Belle-Porte, 19.

1876

ORIGINES DE CHAUNY

PRINCIPAUX OUVRAGES DU MÊME AUTEUR :

BROCHURES

Formats divers.

LE LAI DE LA DAME DE FAYEL. — CÉLÉBRATION DE LA PAIX DES PYRÉNÉES A SAINT-QUENTIN EN 1660. — FRAGMENTS D'HISTOIRE LOCALE : MAYEURS ET ÉCHEVINS. — NOTES ET DOCUMENTS SUR BEFFROY DE REIGNY dit LE COUSIN JACQUES. — UNE VILLE FLAMANDE AU XVIᵉ SIÈCLE.

Format in-8° raisin.

NOTICE NÉCROLOGIQUE SUR CHARLES CAVÉ, discours de réception lu à la Société académique de Saint-Quentin dans la séance du 21 février 1872. — RAPPORTS SUR LE CONCOURS D'HISTOIRE LOCALE à la Société académique de Saint-Quentin, lus dans les séances publiques des 30 juin 1872 et 31 mai 1874. — LES AMBASSADEURS DE SIAM A SAINT-QUENTIN EN 1686. — ETUDE SUR LES VITRAUX DE LA COLLÉGIALE DE SAINT-QUENTIN (1ʳᵉ partie). — LES HABITANTS DE SAINT-QUENTIN EN 1557. — SAINT-QUENTIN, SON HISTOIRE ET SES MONUMENTS. — NOTICE SUR LES STATIONS PRÉHISTORIQUES D'ITANCOURT (Aisne). — NOTICE SUR UN RELIQUAIRE DE SAINT-QUENTIN. — ETUDE HISTORIQUE SUR VALENTINE DE MILAN. — LE DOLMEN DE NEUVILLETTE (Aisne). — NOTICE SUR LE MENHIR ET LA STATION NÉOLITHIQUE DE TUGNY. — NOTICE SUR LE CIMETIÈRE MÉROVINGIEN DE TUGNY. — LES GOUVERNEURS DE LA VILLE DE SAINT-QUENTIN. — DOCUMENTS INÉDITS SUR M.-Q. DELATOUR. — LE CHATEAU DE MARCHAIS. — LE SIÉGE DE ROUEN EN 1418. — NOTICES SUR LE CANTON DE VERMAND : COUP D'ŒIL GÉNÉRAL, AUBIGNY; BEAUVOIS; HOLNON. — LETTRES DE PHILIPPE-LE-BON, DUC DE BOURGOGNE, A LA VILLE DE SAINT-QUENTIN. — MADEMOISELLE DE MONTPENSIER A SAINT-QUENTIN.

VOLUMES

Format in-8° raisin

HISTOIRE DE LA COMPAGNIE DES CANONNIERS-ARQUEBUSIERS DE LA VILLE DE SAINT-QUENTIN (1461-1790). Ouvrage couronné par la Société des Antiquaires de Picardie. — HISTOIRE DE LA VILLE DE SAINT-QUENTIN. — HISTOIRE DE L'ABBAYE NOTRE-DAME DE VERMAND.

EN COLLABORATION :

LE VERMANDOIS, revue d'histoire locale, beaux-arts et littérature. (1873 et 1874) 3 vol. in-8°.

DOM LABBÉ

NOTICE

sur les origines de la

VILLE DE CHAUNY

PUBLIÉE PAR

Georges LECOCQ

Secrétaire-Général Archiviste de la Société Académique de Saint-Quentin, Membre
de la Société de l'Histoire de Paris et de l'Isle de France, de la Société
Linnéenne du Nord de la France, titulaire non résidant de la Société
des Antiquaires de Picardie, Correspondant de l'Orient
Latin, et des Sociétés savantes, de
Cambrai, Compiègne, Douai,
Laon, Noyon, Vervins,
etc., etc.

SAINT-QUENTIN
Imprimerie Ch. POETTE, rue Croix-Belle-Porte, 19.

1876

Tiré à 50 exemplaires

Origines de Chauny

Par Dom LABBÉ

—

INTRODUCTION

O n a déjà beaucoup écrit sur Chauny ; Dom Labbé, auteur d'une histoire de Saint-Vaneng, a composé des mémoires sur cette ville et ses environs ; ses notices inédites ont été souvent utilisées, copiées, pillées ; nous avons, pour protester contre ces emprunts parfois peu convenables, publié déjà dans le *Vermandois* des passages de cet ouvrage. Nous en donnons aujourd'hui les premiers chapitres allant de l'origine de Chauny au IXe siècle. L'auteur de cette étude a pu commettre des erreurs, mais il a le mérite d'avoir facilité le travail à ses successeurs et il a droit, sinon à notre admiration, du moins à notre respect. On nous saura gré, nous l'espérons, de publier, ne fut-ce par extraits, cette histoire dont il est souvent parlé et qui est si peu connue qu'une

Société savante en a, paraît-il, couronné la critique sans la connaître autrement que par les citations du lauréat.

Quoi qu'il en soit, nous continuerons à mettre, de temps à autre, sous les yeux de nos lecteurs, l'œuvre de Dom Labbé.

G. L.

I

Nom et situation de la ville de Chauny

 HAUNY, Calniacum, est une ville de
Picardie, entre les villes de Noyon,
Saint-Quentin, Laon et Soissons.

Les auteurs latins, anciens et
modernes, comme Flodoart, Gilbert,
moine de Saint-Amand ; Guibert, de Noyon ;
M. de Thou, Mérula, Héméré, etc., lui donnent
treize noms différents qui reviennent à ces cinq
noms français : Calgni, Cauni, Chalny, Canni et
Chauny, qui se trouvent dans les chartres de
nos rois Lothaire, Philippe Ier, Louis IX,
Philippe III, Philippe IV, et dans celles des comtes,
de Vermandois, Hébert IV, Raoul Ier, Philippe
d'Alsace et Éléonore, comtesse de Vermandois et
dame de Chauny.

Elle est située sur la rivière d'Oise, dans une
vaste et riche vallée à qui elle donne son nom
depuis Noyon jusqu'à La Fère, et que quelques
auteurs appellent la vallée d'Or, à cause de sa fer-
tilité en fruits, en blés, en pâturages, en bétail, en
lin, en bois, et en vins ; ce qu'on a exprimé autrefois par ces vers latins et français :

Calnia dulce solum, cui septem commoda vitæ
Poma, nemus, segetes, linum, pecus, herba, racemus.

Chauny, doux séjour des humains,
Dont les fruits et les bois, le bétail et les grains,
Le vin, le lin, et la prairie,
Font les délices de la vie.

Elle dépend, pour le spirituel, du diocèse de Noyon, et elle est la capitale d'un doyenné qui porte son nom, et qui contient plus de vingt paroisses.

Pour le civil et le temporel, elle est aujourd'hui du gouvernement de L'Isle de France; mais elle était autrefois de celui de Picardie, et auparavant du Vermandois, que les anciens étendaient de l'Escaut à l'Oise, et divisaient par la rivière de Somme.

Elle était, en l'an 1378, une des plus fortes places de la province et la clef du royaume, comme nous l'apprenons d'une chartre du roi Charles V; il lui reste encore à présent de ses anciennes fortifications, un bon mur de pierres et de briques, fortifié de tours; un large fossé rempli d'eau, et plusieurs ouvrages en terre qui pourraient servir à la défendre.

Ses bâtiments, qui faisaient sa beauté dès le temps du roi Charles V, sont encore propres pour la plupart; ses rues sont larges et commodes; les principales sont : la rue Hamoise, la rue Victimée, la rue des Pierres, celles de Saint-Martin, des Juifs, du Pont-Royal, et celle des Marchands, laquelle aboutit sur la Grande-Place, où l'on voit l'Hôtel-de-Ville, l'auditoire de Justice, et la maison du gouverneur, sous laquelle est la Halle.

Elle a trois portes ; celle du Pissôt, vers La Fère ; celle du Pont-Royal, vers Coucy ; celle du Brouage, vers Noyon.

Elle est ornée de deux grandes paroisses, celle de Saint-Martin dont l'Eglise est dans la ville, et celle de Saint-Nicolas, dans l'Eglise du prieuré de Notre-Dame, au faubourg de la Chaussée ; elle a cinq communautés : de Sainte-Croix, des Minimes, des Cordelières, des filles de la Croix et des Sœurs de la Charité, qui ont soin de de l'Hôtel-Dieu.

Ses faubourgs nommés le Brouage, les Patoureaux, le Pissôt, Senicourt, la chaussée et le Bailly, sont grands. Ils étaient autrefois beaucoup plus peuplés qu'ils ne le sont maintenant.

Le Brouage, dans les premiers temps, était dans la ville, dont il faisait un des plus beaux quartiers ; là, se rendait la justice ; il y avait de très belles allées d'arbres qui servaient de promenade aux habitants.

Les Patoureaux tiennent au Brouage. Ce sont des jardins et des pâturages qui s'étendent jusqu'au village d'Ognes. On y voit les vieux moulins qui étaient autrefois les seuls de Chauny ; une buerie, c'est-à-dire blanchisserie, deux briqueteries et la fontaine appellée la Fontaine du Reguli, dont les eaux sont si salutaires que Louis XIV n'en but presque pas d'autres durant le séjour qu'il fit à La Fère, dans sa minorité.

Le Pissôt, ainsi nommé à cause de l'abondance de ses eaux, est recommandable par la grande et la petite bueries, dont celle-ci passe pour l'une des plus belles de France, tant pour la grande quantité de toiles qui s'y blanchissent, que pour la beauté de ses bâtiments et de ses prés.

Senicourt tient au Pissot. C'est un lieu délicieux en été, à cause de ses jardins et de ses prairies. Il y a une fontaine que ses habitants appèlent la fontaine du Bouillon, laquelle ils disent marquer l'abondance ou la disette du blé par l'augmentation ou la diminution de ses eaux. C'était avant l'an 1139, un secours de la paroisse Saint-Martin, sous l'invocation de saint Jean-Baptiste, qui fut érigé en paroisse en 1270, et a été depuis uni à celle de Saint-Martin de Chauny.

La chaussée, à la porte du Pont-Royal, est le plus grand des faubourgs de Chauny. C'est véritablement une chaussée qui a été élevée sur le marais pour venir à pied sec à Chauny, du côté de Coucy. On y voit les nouveaux moulins qui sont les plus beaux de la ville ; le magasin des glaces, qu'on amène du village de Saint-Gobain, où elles se font, pour les conduire par eau à Paris ; le nouveau canal par où passent les bâteaux qui viennent de Lafère ; et les navoirs, qui sont de vastes prairies, que les rois Philippe III et Philippe IV ont données aux maires et jurés de Chauny, pour l'entretien des ponts, chemins, et autres besoins de la ville.

Le Bailly fait partie du faubourg de la chaussée ; c'est une belle prairie où se voit la maison de santé appellée la Maison-Bleue. Là est le port de la ville, où la rivière d'Oise commence à porter bâteaux, et où se fait le commerce le plus riche des lieux circonvoisins, pour les grains et les fruits. Les villes du voisinage y prennent le coche d'eau, chaque semaine de l'année, depuis Pâques jusqu'à la Toussaint, pour Paris.

Outre ces faubourgs, Chauny en avait un autrefois à la porte Hamoise, qu'on nommait le faubourg de Seleigne ; il était fort grand et fort large, occupant une grande partie du terrain qui est entre le Pissot et le Brouage, où sont aujourd'hui les fourches patibulaires. Il eut son Eglise paroissiale, confirmée aux chanoines de Chauny, par Baudry, évêque de Noyon, en 1099. Elle a été aussi unie à la paroisse de Saint-Martin ; et ce faubourg a été tellement détruit par les guerres, qu'il n'en reste pas une seule maison.

Quoique Chauny soit dans une vallée, sa situation est néanmoins saine et agréable, la ville étant sur une petite éminence, au milieu de la vallée ; et les faubourgs entrecoupés de ruisseaux, dont les eaux sont vives et couvertes d'un grand nombre de ponts.

II

Chauny a été, dans son commencement, un château
de la dépendance de Condren.

Notre ville, dans ses premiers commencements, n'a été qu'un château des anciens peuples appelés Condrinois, du lieu nommé Condren ; ville alors considérable et la capitale du pays, mais qui n'est depuis plusieurs siècles, qu'un petit village sur l'Oise, à une lieue au-dessus de Chauny, vers La Fère.

L'empereur Antonin, qui régnait en 138, après la naissance de Jésus-Christ, marque, dans son itinéraire, Condren, entre les villes de Saint-Quentin et de Soissons, où il est encore aujourd'hui, et la notice de l'empire romain, dit : que les Condrinois étaient des peuples gaillards, dont la juridiction s'étendait sur Noyon.

Chauny ne fut donc d'abord qu'un château de la dépendance de ces peuples, situé entre Condren et Noyon. Les auteurs qui en parlent, lui donnent le nom de château, depuis même qu'il est devenu une ville considérable.

Flodoart s'en explique ainsi, en l'année 949 :
« Un certain Bernard du parti de Hugues, ayant
» un château sur l'Oise, nommé Chauny, se livra
» avec son château au comte Adalbert. »

Gilbert, religieux de Saint-Amand, en Flandre, rapportant le miracle qui se fit à Chauny en 1066, par les reliques de ce saint Évêque, et dont il fut témoin oculaire, dit : « Sortant de la ville de Laon, » nous prîmes notre chemin vers Noyon, accompa- » gnés d'une grande foule de peuple; la nuit appro- » chant, nous arrivâmes à un petit château appelé » Chauny, où nous fûmes reçus fort honnêtement, » et nous y passâmes la nuit. »

Gilbert de Nogent-sous-Coucy qui vivait en 1104, rapporte en sa vie, livre 3, chapitre XVII, qu'un soldat ayant pris les bœufs de l'abbaye de Nogent, il les mena au château de Chauny, et qu'en ayant fait cuire un pour le manger avec ses camarades, les yeux lui sortirent de la tête, et la langue de la bouche, au premier morceau qu'il y mit ; punition du ciel qui les contraignit de remener le reste du butin, où il avait été pris.

La chartre de Raoul Ier, comte de Vermandois, de l'année 1130; de Philippe d'Alsace, comte de Flandre et de Vermandois, de 1167; d'Éléonore, comtesse de Vermandois, de 1191, qualifient Chauny de Château. Philippe-Auguste, roi de France, lui a donné le premier le nom de ville en 1213.

Chauny, n'étant qu'un simple château, occupait seulement la plus haute partie de la ville, où sont aujourd'hui les religieux de Sainte-Croix, les Minimes, les rues Hamoise, Victimée et des Pierres.

Les anciens comtes de Vermandois, en étant

devenus seigneurs, y bâtirent leur palais et une forteresse.

Le palais eut ses accroissements et ses diminutions jusqu'en l'année 1487, qu'il n'en restait plus que la maison dite d'Orléans.

La forteresse subsista, jusqu'en 1431, qu'elle fût abattue par les habitants de Chauny. Héméré, dans son *Augusta Veromanduorum illustrata*, en fait mention. « L'an 1431, les Chaunois, dit-il,
» surprirent la forteresse qui dominait leur ville,
» et la rasèrent de crainte que le roi Henry n'y
» mit garnison anglaise, comme les en avaient
» menacés Colard de Mailly, bailly de Vermandois,
» et Ferry, son frère, qui étaient dedans. »

Monstrelet, après qui parle cet auteur, rapporte la chose en ces termes dans le deuxième volume de ses chroniques : « En ce même temps, Messire
» Colard de Mailly, qui lors était bailly de Ver-
» mandois, de par le roi Henry d'Angleterre, et
» avec lui messire Ferry de Mailly, tous deux de-
» meurant au chastel de Chauny sur Oise appar-
» tenant héritablement à Charles duc d'Orléans,
» qui alors était prisonnier en Angleterre, pour
» aucunes paroles non amiables qui avaient été
» dictes par ledit Messire Ferry, à l'encontre des
» habitants de la ville, iceulx habitants doubtant
» que par la porte derrière le dit chastel, deux des
» susdits ne missent garnison d'Anglais, ou d'aul-
» tres gens de guerre, dedans leur ville plus fort
» que ne leur plairait, pourquoi ils fussent con-
» traints et mis en subjection, conclurent tous

» sécrètement ensemble aucuns des dits habitants
» des quels furent les principaux Jehan de Lon-
» gueval, Mathieu, son frère, Pierre Piat, les quels
» firent serment l'ung à l'autre, de à certain
» jour, quand les dessus dits Messire Colard
» et Messire Ferry de Mailly seraient en la ville,
» de prendre icelle forteresse, et de la démolir.
» Après lesquelles conclusions et serments, par
» eulx faits, ung certain jour mirent sécrètement
» aulcuns compagnons adventuriers en petit nom-
» bre emprès la porte du dit chastel, tous ins-
» truits et advisés de ce qu'ils avaient à faire.
» Les quels quand ils virent les deux cheva-
» liers et aucuns de leurs gens issus du dit
» chastel, ainsi qu'ils avaient accoutumé pour
» aller jouer en la ville, saillir hors du lieu
» où ils étaient, entrèrent dedans le chastel
» parce qu'on ne se gardait point d'eulx, si levè-
» rent tantôt le pont contre la ville, et se mirent
» dedans. Laquelle prinse venue à la connaissance
» des dits frères, leur fut très déplaisant ; mais ils
» n'en purent avoir aultre chose ; car tout incon-
» tinent, ceux qui était du serment dessus dit
» firent sonner la cloche du commun, et se as-
» semblèrent en très grand nombre, armez et em-
» bastonnez et s'en allèrent devant icelui fort qui
» tantôt leur fût ouvert et adonc aulcuns des plus
» notables de la ville allèrent devant les susdits
» chevaliers auxquels ils dirent qu'ils ne fussent
» en aulcun doute de leurs personnes, et aussi de
» leur chevance, et qu'on ne leur messerait rien,

» disant que ce qui se faisait estait pour le bien et
» santé de la dite ville.

    » Les quels non puissans de à ce remédier, res-
» pondirent que puisque aultrement ne pouvait
» être, qu'ils fissent ce que bon leur semblerait.
» Et adonc tout troublés de voir les manières
» dessus dites, se retrahirent en un hôtel en la
» ville, et avèques eulx tous leurs familliers. Si
» leur furent délivrés tous leurs biens. — Et brief
» en suivant tous les habitants d'ung commun
» accord commencèrent à désoler et abattre la
» ditte forteresse, et tant en ce continuèrent, et par
» plusieurs jours, qu'elle fut du tout rasée et dé-
» molie de fond en comble; et aulcuns briefs jours
» ensuivans le susdit bailly de Vermandois et son
» frère et tous leurs gens se départirent de la dite
» ville de Chauny, auquel lieu desquels Jehan de
» Luxembourg Messire Hector de Flavy, et depuis,
» Wallerant de Moreul, les quels pour l'entreprise
» dessus dicte, les trouvèrent plus vigoureux et
» désobéyssants qu'ils n'avaient coutume devant la
» désolation du dit chastel. »

III

Chauny, après la ruine de Condren, devient une ville considérable.

ant que Condren subsista et fût la capitale du pays, Chauny ne fut qu'un château ; mais cette ville ayant été détruite par les Vandales en 407, ou par les Huns, en 451, ainsi que Cambray, Saint-Quentin, Vermand et plusieurs autres, les Condrinois imitant leurs voisins qui abandonnaient les villes pour se mettre en sûreté dans les châteaux, quittèrent Condren, et vinrent s'établir à Chauny, où ils apportèrent les prérogatives et les titres d'honneur de leur ville, à peu près de la même manière que saint Médart, se retirant à Noyon, château de la domination des Condrinois, y transféra en ce même temps, de Vermand (1) qui avait été détruit, l'évêché de Vermandois.

En effet, depuis ces temps de calamité, tout ce que Condren avait possédé de considérable est passé à Chauny ; la route de l'ancienne Térouanne à Rheims, que l'itinéraire de l'empereur Antonin met par Condren, a été changée par Chauny. L'an-

(1) Vermand, traduction de *Augusta Veromanduorum*, aujourd'hui Saint-Quentin, n'est pas le village de Vermand sur l'Omignon comme on l'a soutenu à tort si longtemps.

cien chemin, dont les traces se voient encore à Condren, et que les gens du pays appèlent la chaussée Brunehault s'y trouve coupé au lieu où était le pont pour passer la rivière d'Oise ; et on le quitte beaucoup plus haut, pour venir de Saint-Quentin à Chauny, et de Chauny à Soissons.

La juridiction qu'avaient les Condrinois sur Noyon, selon la notice de l'empire Romain, a été attribuée à Chauny, et elle lui a appartenue jusqu'environ 1350, que Noyon a cessé d'être du ressort de Chauny.

Le domaine de Condren a été aussi uni à celui de Chauny ; il y est encore uni aujourd'hui (1) ; et s'il en a été séparé quelques temps, il n'en a pas été de même les siècles précédents, comme nous l'apprenons des chartres de nos rois et d'une entre autres de Charles V.

L'église paroissiale de Condren et la chapelle de Saint-Momble ont été pareillement données à l'église de Chauny ; elles faisaient partie de son domaine sous le règne de Louis-le-Débonnaire, ainsi que nous le lisons dans l'ancien auteur des actes de Saint Momble.

Enfin, Condren n'était déjà qu'une campagne vers l'an 650 que saint Momble s'y retira pour y vivre en ermite, comme nous l'apprenons des mêmes actes ; au lieu que Chauny était dès lors un lieu considérable, dont saint Momble s'était proposé la conquête et la conversion par ses prédications apostoliques.

(1) Dom Labbé écrivait au commencement du XVIIIᵉ siècle.

Lorsque les rois de France, et les comtes de Vermandois ont policé les villes de la province, Chauny n'a point été oublié. Raoul, comte de Vermandois, qui vivait en 1101, lui donna ses premières coutumes. Philippe d'Alsace, et Elizabeth de Vermandois, sa femme, les confirmèrent et instituèrent sa mairie en 1167. Mathieu de Montmorency et Eléonore de Vermandois, son épouse, firent la même chose en 1186. Philippe Auguste, roi de France, établit son baillage vers l'an 1190; il confirma ses anciens privilèges en 1213, et lui en donna de nouveaux.

Tout cela fait juger avec assez d'évidence que Chauny ayant profité des ruines de Condren, est devenue ville lorsque Condren a cessé de l'être. Ces avantages ont même fait penser aux savants Mérulas et Adrien de Valois, que Chauny est l'ancien Condren de l'itinéraire d'Antonin, et les Chaunois, les Condrinois de la notice de l'empire Romain.

Or, ceux de ces peuples qui se refugièrent les premiers à Chauny, se logèrent dans l'enceinte du château ; mais s'étant multipliés, ils bâtirent des maisons autour des fossés, vers le Pissot, Seleigne, le Brouage et la grande place, jusqu'au bras de la rivière d'Oise qui passe aux boucheries. C'est pourquoi ce qu'il y a de plus ancien à Chauny, comme les vieux moulins, l'Hôtel-Dieu ou la maison de ville, se voit sur ces lieux.

L'isle du Pont-Royal fût ensuite habitée. Elle était déjà dans la ville, fermée comme aujourd'hui par ses deux ponts, en 1140. Puis on habita le marais, par le moyen de la chaussée qu'on éleva dessus, vers l'an 1213 ; et parce que les vieux moulins ne suffisaient pas, on en bâtit de nouveaux environ l'an 1214 ; lesquels on plaça d'abord sur un pont de pierres près de Sinchenny, et qu'on transféra ensuite au lieu où ils sont aujourd'hui.

Sous le règne de Philippe-Auguste, la ville fut environnée de fossés, fortifiée de tours et de ponts, et ornée de quatre belles portes, chacune accompagnée de deux tours de pierres, et d'un donjon au milieu.

L'une s'appellait la porte des Cordiers ; elle était vers La Fère, vis-à-vis l'Hôtel-Dieu, qui est aujourd'hui l'Hôtel-de-Ville. L'autre se nommait la porte de Hangest, des seigneurs de ce nom qui possédaient les terres de Genlis, Magny et plusieurs autres dans le baillage de Chauny ; elle était dans rue des Juifs, vers Noyon. La troisième, la porte Hamoise, au haut de la rue du même nom, vers Ham. La quatrième, la porte du Pont-Royal, au bout de l'isle, vers Coucy. L'une de ses tours, appelée la Tournelle, servait de prison royale.

L'an 1367, la ville étant trop étendue, pour être sûrement gardée, contre les ennemis du royaume qui couraient le Vermandois et la Picardie, on jugea à propos de la resserrer et de la fortifier davantage.

On abattit, pour cet effet, la porte des Cordiers, et la rue de la Basse-Cour du château servit pour aller vers La Fère. Puis on conduisit un bon fossé autour de la ville, laquelle on ceignit d'un mur de terre qu'on palissada. Mais ces fortifications ne suffisant pas encore, au lieu d'un mur de terre on en fit un en pierre en 1372, des démolitions du château de Condren qui fût détruit de crainte que les ennemis ne s'en emparassent, comme ils avaient fait en 1358, et des décombres de la porte et des tours des Cordiers.

Telle était Chauny en 1378, lorsque le roi Charles V y passa, c'est-à-dire comme il le dit lui-même dans sa chartre du 27 mars de la même année : « une ville considérable, forte et peuplée, » la clef de tout le pays, fameuse par sa situation, » recommandable par la beauté de ses édifices, » riche en grains, en vignes, en pâturages et » plusieurs belles forêts qui l'environnent. »

L'an 1398, on fit encore quelque changement aux portes pour la commodité et l'embellissement de la ville ; on combla le pont des Cordiers, et les fossés du château qui aboutissaient sur la Grande Place, sur lesquels on fit la Halle et plusieurs maisons.

Depuis ce temps là, Chauny a beaucoup perdu de son ancienne beauté par les guerres des ducs de Bourgogne, comtes de Flandre, qui la prirent plusieurs fois le siècle suivant, et la ruinèrent entièrement en 1472. Elle s'est rétablie néanmoins dans la suite et a reçu des beautés qu'elle n'avait pas auparavant. Les religieux de Sainte-Croix, de Condren, s'y établirent, en 1436. Les religieuses cordelières, en 1500. Les pères Minimes, en 1618 ; les filles de la Croix, en 1659, et sur la fin du siècle précédent, plusieurs particuliers y bâtirent de belles maisons, comme ont fait encore depuis plusieurs habitants.

IV

Chauny, devenu ville, a toujours été du domaine de la couronne de France.

près la ruine de Condren par les Vandales ou les Huns, Chauny devint une ville; depuis elle a toujours été une ville royale; du domaine de la couronne de France.

On se le persuadera aisément, si l'on fait attention avec quelques auteurs que Mérovée, second roi de France, qui mourut en 456, après avoir régné huit à neuf ans, conquit la Gaule-Belgique, que nous appelons Picardie ; que Childéric son successeur, mort en 482, après un règne de vingt-six ans, prit plusieurs places sur l'Oise et la Seine, et mit son siége royal à Paris ; et que Clovis premier roi très chrétien, que la commune opinion fait mourir en 511, soumit généralement toute la Picardie par la signalée victoire qu'il remporta sur le patrice romain Siagrius, qui faisait sa demeure à Soissons.

On peut dire, en suivant les mêmes auteurs, que depuis Clovis Ier, jusqu'à Louis-le-Débonnaire, qui commença à régner seul en 814, Chauny et son voisinage ont été le séjour le plus délicieux de nos rois ; ils y bâtirent plusieurs maisons royales, comme Quierzy, à une lieue-demie de Chauny, où ils venaient prendre de temps en temps le divertissement de la chasse, et se renfermaient quelquefois pour travailler aux affaires les plus importantes du royaume.

Chauny était passé depuis aux enfants de Charlemagne, comtes de Vermandois ; les rois de France qui le leur cédèrent, en retinrent toujours le domaine direct, et la seigneurie suprême ; donnant l'investiture, et la confirmant toutes les fois qu'il changeait de seigneur : c'est ainsi que nous lisons dans deux chartes tirées du chartulaire de l'abbaye de Saint-Eloy, de Noyon, rapportées par Levasseur dans ses annales de l'Eglise de Noyon, que le roi Lothaire confirma Chauny à Hildebrande, à qui il était échu par la mort d'Hébert II, comte de Vermandois, son mari, qui en était seigneur ; et que ce même prince confirma à l'abbaye de Saint-Eloy, de Noyon, les revenus de Chauny, lesquels avaient été donnés aux religieux de cette abbaye par Lyndulphe de Vermandois, seigneur de Chauny, évêque de Noyon, et fils d'Hébert II et d'Hildebrande.

Aussi, Elizabeth de Vermandois, dame de Chauny, étant morte sans enfants, en 1182, et Eléonore sa sœur et son héritière, n'en ayant point de cinq maris qu'elle avait épousés, Chauny et tout le Vermandois retournèrent aux rois de France ; Philippe d'Alsace, comte de Flandre, s'y opposa fortement, mais en vain. Il vint à la tête d'une puissante armée à Saint-Quentin, et de là à Chauny, où le secours, qu'il attendait du pays de Hainaut, le joignit. Mais les Chaunois lui fermèrent les portes, et les ouvrirent à Philippe Auguste, roi de France, qui de son côté accourut avec de nombreuses troupes, pour soutenir et défendre les droits inaliénables de sa couronne sur la ville de Chauny et le Vermandois, ainsi que le rapportent les grandes chroniques du Hainaut.

Les Chaunois, sensibles à l'honneur qu'ils ont d'être du domaine royal, se sont toujours vus avec peine à d'autres qu'à nos rois; de là leurs chagrins et leurs contestations avec Béatrix de saint Pol, dame de Nesle et de Chauny, par échange, contre laquelle ils ont obtenu plusieurs arrêts, et celui entr'autres de 1347, par lequel il est dit : « Que la » ville de Chauny était et avait toujours été l'hé- » ritage propre et le domaine royal de la cou- » ronne de France, en ayant toute la justice et » tout le domaine. »

Du temps de Blanche de France, veuve de Philippe d'Orléans, seigneur de Chauny, et dame par douaire de la même ville, les maire et jurés remontrèrent au roi Charles V qu'ils voyaient avec douleur que depuis que Chauny avait été séparé de la couronne en faveur de Philippe duc d'Orléans, de Blanche sa veuve et de Béatrix de Saint Pol, sa châtellenie était considérablement diminuée, son port devenu moins marchand, sa mairie, et sa justice royale moins respectées, ses foires moins fréquentées, et la ville beaucoup moins peuplée qu'auparavant; ce qui était très préjudiciable, non-seulement à tout le pays, mais à tout le royaume, dont Chauny était la clef, et une des plus fortes places.

Charles V écouta favorablement leur remontrance; il goûta leurs raisons, et en ayant d'ailleurs d'autres très solides, il donna lettres patentes à Noyon le 27 mars 1378, par lesquelles, après avoir donné de grands éloges à Chauny, qu'il appèle une ville « considérable, forte, peuplée, recommandable par » son assiète, ses édifices, et la fécondité de son ter- » roir, et avoir loué l'amour sincère, la fidélité et » l'obéissance que ses maires, ses jurés et ses prin- » cipaux bourgeois ont toujours eu pour lui, pour » les rois ses prédécesseurs, et pour la couronne » de France, il ordonne qu'à l'avenir la ville de » Chauny, sa châtellenie et ses dépendances, entre » lesquelles il nomme Condren, ne pourront être » séparées de la Couronne pour quelque raison » que ce soit, comme pour partage, apanage, » mariage, provision, traité de paix, échange et » autres causes semblables. » L'année suivante Philippe Pierre, lieutenant-général de Chauny, ordonna la publication de ces lettres, qui se fit à Noyon le 21 août, et à Chauny le 29 du même mois par Mathieu Dumoustier, sergent du roi.

Si la joie qu'eût Chauny de voir son union à la couronne si solennellement confirmée, fût grande, elle ne fût pas aussi durable qu'on l'espérait.

Il en fut distrait peu de temps après en faveur de Louis, duc d'Orléans. Mais quoique la puissance de ce prince fut redoutable à toute la

France, les Chaunois ne purent dissimuler la peine qu'ils en eurent ; ils s'en plaignirent au roi Charles VI ; ce bon prince entra dans leur peine, qui ne venait que du grand attachement qu'ils avaient à sa Couronne. Il confirma ce qu'avait fait Charles V, son père, ordonnant par ses lettres données à Paris en son château du Louvre, au mois d'octobre 1411, que Chauny demeurerait à l'avenir réuni au domaine royal de la couronne. Elles furent registrées la même année au Parlement, à la chambre des comptes, et au présidial de Laon.

Après des assurances si authentiques, Chauny semblait ne devoir jamais être désuni de la Couronne ; non-seulement il le fut encore dans la suite en faveur des ducs d'Orléans, et des princesses leurs veuves ; mais il fut donné par engagement à plusieurs seigneurs particuliers. Tant il est vrai qu'il n'y a rien de stable et d'assuré dans les ouvrages des hommes.

V

Commencements et progrès de la religion chrétienne à Chauny.

es premiers Chaunois, nés et ensevelis dans les ténèbres de l'idolatrie, n'ont point eu d'autre religion que celles des peuples leurs voisins, qui ont adoré Jupiter, Mercure, Mars, Apollon et Cérès.

Ils reçurent les premières lumières de l'évangile des bienheureux évêques Firmin d'Amiens, Sixte de Rheims ; des saints martyrs Quentin, Crespin, et Crespinien ; et des premiers évêques du Vermandois.

Leur conversion à la foi, commencée par ces grands saints et ces premiers évêques, fut continuée et perfectionnée dans la suite par plusieurs autres, que la divine providence fit paraître aux environs de Chauny, et qui furent, par leurs exemples, leurs prières, leurs miracles et leurs travaux apostoliques comme autant de lumières éclatantes qui achevèrent de dissiper les ténèbres du paganisme, et les confirmèrent dans la foi et la connaissance du vrai Dieu.

Saint Montain, anachorète, parut à La Fère, ville à trois petites lieues de Chauny, vers l'an 440.

Les Vandales ravageaient alors le Vermandois et toutes les Gaules, et persécutaient cruellement les fidèles. Ce saint solitaire, touché de tant de malheurs, priait sans discontinuer notre seigneur pour la paix de l'église et pour la conservation de nos rois qui n'avaient pas encore embrassé le christianisme. Il obtint par ses prières la naissance de saint Remy qui convertit et baptisa Clovis, le premier de nos rois |chrétiens ; il finit heureusement ses jour dans une extrême vieillesse, vers l'an 460. (Flodoart, histoire de Rheims).

Saint Médard, évêque de Noyon, naquit peu de temps après la mort de saint Montain, au village de Salency, du ressort du domaine de Chauny. Son père, qui s'appelait Nectas et sa mère qui se nommait Protagie étaient seigneurs de ce lieu, qu'ils édifiaient par leur foi et leur piété. Nectas ayant renoncé au culte des idoles à la sollicitation de Protagie, Médard dès son enfance fut, par sa modestie, sa charité, son abstinence et ses miracles, un prodige de la grâce dont l'exemple frappait les plus libertins et les gagnait à Jésus-Christ. Élevé à l'ordre de la prêtrise et assis sur la chaire épiscopale de Noyon, la sainteté de sa vie et la force de ses exhortations convertirent un si grand nombre d'infidèles, que presque tout le pays changea de face et embrassa avec éclat le Christianisme. Il mourut environ l'an 560, dans une grande vieillesse, (Fortunat, en sa vie).

Saint Godard, ou Gildard, archevêque de Rouen, prit aussi naissance à Salency. Il était frère de saint Médard. Son enfance et sa jeunesse, comme celle de saint Médard, furent sanctifiées par un exercice continuel des vertus chrétiennes, et ses premières études furent d'apprendre à instruire et à convertir les idolâtres et confondre les hérétiques. Ils furent tous deux, dit un auteur, comme deux soleils d'égale lumière et beauté qui éclairaient les églises de Picardie. Il mourut archevêque de Rouen, vers l'an 526. (Giry).

Saint Amand, évêque de Maëstreic, l'apôtre des Flamands, le fut aussi du pays chaunois; il bâtit à deux lieues de Chauny, environ l'an 665, le monastère de Bersy, dans le diocèse de Laon, pour des moines, sous la règle de saint Benoit, ou de saint Colomban, dans un lieu nommé alors Faveroles. Le roi Childeric II et la reine sa femme furent les fondateurs de cette sainte maison par le don qu'ils lui firent du village de Bersy pour en disposer, et de toutes ses dépendances, comme il le jugerait à propos. Ce prince était alors dans la seconde année de son règne, et dans un âge si avancé et si faible, qu'il ne put souscrire de la main les lettres qu'il en donna à saint Amand; la reine les souscrivit et pour lui il y fit mettre son seing. Tant que saint Amand demeura en ce pays, il fut puissant en œuvres et en paroles. Outre qu'il y convertit plusieurs infidèles à la foi, il ressuscita l'enfant unique d'une veuve au village de Melicot, proche de Thorote, allant de Bersy à Compiègne avec douze religieux de Bersy, pour y saluer le roi, ainsi que font foi ses actes rapportés par Philippe de l'Aumone et par le père Mabillon, dans ses siècles bénédictins. Sa mémoire s'est conservée de toute antiquité dans la ville de Chauny par les deux croix qui s'y voyaient autrefois dans deux de ses faubourgs, l'une sur le chemin de La Fère et l'autre sur celui de Noyon ; sans parler du miracle que ses saintes reliques y opérèrent lorsqu'elles y passèrent l'an 1066, comme nous le rapportons en son lieu. Il finit sa sainte vie, selon Bollandus, l'an 684.

Saint André, disciple et religieux de saint Amand, fut établi par ce saint évêque premier abbé de Bersy. Il gouverna pendant vingt ans avec beaucoup d'édification, répandant dans tous le pays la bonne odeur de ses vertus. Saint Amand lui donna, la cinquième année du roi Childeric II, tout ce qu'il avait reçu à Bersy de la libéralité de ce prince et de la reine Chilmechide, sa femme. A quoi il ajouta les petits lieux que lui avait donnés au village de Sinchemny, le duc Foucauld ; une maison dans Laon que lui avait laissée le vénérable Gousin, archidiacre ; une vigne au faubourg de Crespy et son vigneron nommé Wulberon, dont l'illustre Chenoald lui avait fait présent, et une terre située sur la Serre, que le même Chénoald et l'illustre Wulsmare lui avaient donnée pour la construction du monastère de Bersy. Les lettres de saint Amand furent portées à Laon et signées du scing d'un évêque nommé Attola, de plusieurs ecclésiastiques et du comte Berluin.

Saint André quitta Bersy par ordre de Saint-Amand et fût fait abbé d'Elnon, en Flandre, nommé aujourd'hui Saint-Amand, où il mourut et fut enterré ; ses sacrées dépouilles y ont fait plusieurs miracles et ont été vénérées jusqu'au temps des Normands, qu'elles furent cachées et mises dans un lieu qui est demeuré inconnu jusqu'à ce jour. Bersy, depuis que quitta saint André, a toujours été une prévôté dépendante de l'abbaye de saint Amand.

Saint Eloy, évêque de Noyon 646. Chauny lui est redevable d'un de ses plus grands apôtres. C'est saint Momblo. Il se retirait souvent dans le voisinage de cette ville, au lieu appellé depuis Saint-Eloy-Fontaine, où est aujourd'hui une abbaye de chanoines réguliers. Il y réside encore par une petite partie de ses saints ossements qui s'y conserve précieusement. Il mourut, selon la chronique de Sigebert, l'an 665. Son corps, inhumé dans l'église de Saint-Leu, de Noyon, aujourd'hui Saint-Eloy, y fit beaucoup de miracles, un entr'autres au sujet d'un héritage situé à Caumont, proche Chauny.

Saint Waneng, confesseur, gouverneur de l'ancienne province de Caux, sous le roi Clotaire III, et fondateur de l'abbaye de Fescamp. Il eut son château dans l'étendue du baillage de Chauny, au lieu appelé depuis le Mesnil-Saint-Waneng, proche de Ham. On y voit encore aujourd'hui l'impression de son pied sur une pierre. Ses reliques y furent apportées de Fescamp, durant les guerres des

Normands, et elles ont été depuis transférées à Ham. Nous avons marqué sa mort, vers l'an 686, dans la vie que nous en avons donnée au public en 1700 (1).

Saint Hubert, abbé de Bretigny. Il prit naissance au même lieu, éloigné de trois petites lieues de Chauny et de son ressort. Pierre et Jeanne, son père et sa mère, seigneurs de Bretigny, l'obtinrent du ciel par les prières d'un saint religieux, prieur du même lieu.

A l'âge de douze ans, il fut reçu dans la communauté de Bretigny : ses vertus le rendirent digne du sacerdoce ; il jeûnait trois fois la semaine, le lundi, le mercredi et le vendredi. Après trente années d'une vie très sainte, il mourut du temps du roi Dagobert, et fût enterré à Bretigny. Plusieurs miracles se firent aussitôt à son tombeau. Un gentilhomme venu de Flandre, qui était perclus du bras droit, y reçut la santé ; dix possédés d'un village appelé la Tour du comte, y furent délivrés. Ses saintes reliques sont encore à Bretigny, et il s'y fait un grand concours de peuples, pour implorer son assistance contre la rage. (Mabillon).

Saint Gamon, abbé du même lieu. On y voit sa chapelle, où il est représenté sur l'autel, en habit d'abbé ; saint Hubert y fût enterré, et elle s'appelle la Chapelle des Balances, parce que ceux qui y venaient autrefois pour demander guérison à Dieu, par

<hr>

(1) Il vient d'être fait à Fécamp une nouvelle et magnifique édition de cette vie de Saint-Vaneng.

l'intercession des deux saints abbés, s'y faisaient poser pendant un certain nombre de jours, pour connaître par la légèreté ou la pesanteur de leur corps, si leur maladie diminuait ou augmentait : superstition dont parle le R. P. Mabillon dans ses siècles bénédictins, en l'an 753.

Saint Gilbert, évêque de Meaux. Il naquit à Ham, ville en partie de la dépendance de Chauny. Son père s'appelait Fulcard, et sa mère, Gille, tous deux de nobles familles de Vermandois. Il fut d'abord chanoine en l'église de Ham ; puis en celle de Saint-Quentin, d'où il fut tiré pour être archidiâcre et ensuite évêque de Meaux. Il gouverna cette église avec beaucoup de sainteté, vers l'an 1000. Il rendit son âme à Dieu en présence de Léoterie, archevêque de Sens, et de Fulbert, évêque de Chartres. Son corps fût inhumé dans l'église cathédrale de Saint-Etienne de Meaux, et Dieu fit connaître la sainteté de son serviteur par les miracles qui se firent à son tombeau, selon la chronique d'Auxerre et de Limoges.

Saint Godefroy, évêque d'Amiens. Il fut abbé de Nogent-sous-Coucy, à trois lieues de Chauny ; il rétablit cette abbaye, tant pour le spirituel que pour le temporel. Lambert, abbé de Florini, et Valdrad, abbé de Ribemont, quittèrent leur prélature pour se ranger sous sa discipline, et Adèle, vicomtesse de Coucy, animée par ses saintes exhortations donna une grande partie de ses biens aux pauvres et aux églises. Il obtint par ses prières de la pluie à tout le pays qui était depuis longtemps affligé d'une sécheresse et d'une chaleur insupportables qui faisaient mourir les hommes et les animaux. Il délivra la B. Vinette, religieuse de Notre-Dame de Soissons, avec tous ceux de sa suite, et son bagage, des mains des voleurs qui s'en étaient saisis dans un bois entre Quierzy et Saint-Paul-aux-Bois. Il mourut évêque d'Amiens, l'an 1118. (Surius).

La bienheureuse Ricamare. Elle était dame de Beaumont, village à deux grandes lieues et du ressort de Chauny. Elle avait épousé Rémond, seigneur de Clastres ; étant veuve, elle se consacra au service des malades dans l'abbaye de Prémontré, où elle fut converse sous la direction de saint Norbert. Elle donna à cette abbaye naissante des terres situées à Beaumont qui furent confirmées, en 1120, par Simon de Vermandois, évêque de Noyon. Elle appaisa, par le seul signe de la croix, un incendie qui allait consumer toute la maison. Sa mort, comme sa vie, fut précieuse devant Dieu. Elle fut enterrée dans le cimetière des pauvres. (Archives de Prémontré ; Lepaige, dans sa bibliothèque).

On pourrait rapporter plusieurs autres saints personnages qui par l'éclat de leurs vertus, leur zèle pour la gloire de Dieu et les saints établissements qu'ils ont faits en ce pays, n'ont pas peu contribué à y faire croître et fleurir la religion.

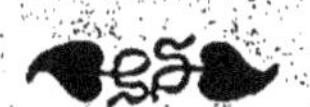

VI

Saint Momble, apôtre et patron de Chauny.

 aint Momble est le patron et l'apôtre que Chauny reconnaît particulièrement. Voici sa sainte vie et sa mort précieuse, devant Dieu, telles qu'elles se trouvent dans les archives de Saint-Eloy-Fontaine, et qu'elles se lisent tous les ans par les chanoines réguliers de cette abbaye, le jour de sa fête.

Saint-Momble, Irlandais de nation, moine de profession, vint sur les côtes de France, environ l'an 650, avec les bienheureux Fursy, Foillan, Ultan, Béotian, Euloge, Adalgise et Gobain, sous le règne de Clovis II, pour y annoncer la parole de l'Evangile. Les premiers soins de ces dignes ouvriers de la vigne du Père céleste, furent d'établir des monastères dans les îles voisines, lesquels furent comme autant de séminaires où ils formèrent ceux qu'ils retiraient de l'idolâtrie, les cultivant comme de jeunes plantes coupées de l'olivier sauvage de la gentilité et entées sur l'olivier franc, et les disposant à porter des fruits de grâce en abondance. Passant ensuite dans le pays des Saxons-Anglais, ils y firent une ample moisson, quoiqu'ils ne fussent que peu d'ouvriers. Y ayant établi aussi des monastères, ils repassèrent en France, où le roi Clovis les rappela. Ce prince leur donna un lieu dans le diocèse de Paris, où ils bâtirent en l'honneur des apôtres saint Pierre et saint Paul la célèbre abbaye de l'ordre de saint Benoît qui s'y voit encore aujourd'hui.

Le bienheureux Fursy fût établi premier abbé de ce monastère ; mais ayant été envoyé à Péronne par la reine Bathilde, épouse de Clovis II, pour y bâtir un nouveau monastère, il donna la charge de prieur de Lagny à l'homme de Dieu, Momble, lequel s'acquitta de cette charge avec toute la vigilance d'un excellent pasteur. Mais ce qui devait lui mériter l'amour et le respect de tous ses religieux lui attira la haine et le mépris de quelques uns qui ne pouvaient surpporter le joug de la régularité. C'est pourquoi le saint homme savait que la voix du pasteur est inutile lorsque les brebis refusent de l'entendre, et qu'elle devient même la cause de leur perte et de leur péché ; il s'enfuit dans la solitude, après laquelle il soupirait depuis longtemps, répétant souvent ces paroles du prophète : « qui me donnera les ailes de la colombe afin que je m'envole et que je trouve un lieu de repos. » Il prit avec soin un petit nombre de religieux que le libertinage des autres n'avait pu lui enlever.

La providence le conduisit avec sa compagnie en un lieu du diocèse de Noyon, sur l'Oise, nommé Condren. Là, le saint homme se bâtit, et à ses frères, un petit ermitage, dont les cellules toutes basses qu'elles étaient, et faites d'une matière vile, devant être la demeure de ces hommes divins et de ces anges visibles, étaient beaucoup plus estimables que les palais des rois. Elles représentaient un véritable paradis, non par leur magnificence et leur beauté, mais par la sainteté et la vertu de ceux qui les habitaient; et elles étaient dignes d'être la demeure, non-seulement des esprits célestes, mais du seigneur des anges.

Le bienheureux Momble et ses compagnons, se voyant au lieu que la divine providence leur avait destiné, n'eurent rien tant à cœur que d'y vivre inconnus aux hommes, dans un mépris parfait de toutes les choses passagères et périssables, et un ardent désir des biens durables et éternels. Ces nouveaux hôtes commencèrent à y mener un genre de vie tout nouveau, et comme si toutes les vertus qu'ils auraient pratiquées auparavant à Lagny eussent été peu de chose, ou rien du tout, ils embrassèrent généreusement un état de vie beaucoup plus parfait. On sait le progrès qu'ils y firent, mais on ignore entièrement les moyens dont ils se servirent, et il y aurait de la présomption à vouloir découvrir des choses dont Dieu et ses anges ont voulu être les seuls témoins. Leur passion dominante était donc de cacher aux hommes des actions dont ils n'attendaient que Dieu pour récompenses et non les hommes.

Mais il en est de la vertu comme de la lumière. Celle-ci se montre malgré elle, et plus vous la pressez et l'empêchez de pénétrer, plus elle porte au loin ses rayons. Toutes les pieuses précautions du bienheureux Momble furent inutiles. Sa sainteté ne put se cacher longtemps ; celui qui désirait n'être connu de personne fût connu de tout le monde ; et ce qui était fort éloigné de son désir et de sa pensée était conforme aux desseins de Dieu sur lui, qui le voulait donner à saint Éloy pour son digne coadjuteur dans les fonctions épiscopales. Ce saint évêque se trouva heureux d'avoir un si saint hôte ; il l'ordonna prêtre, malgré toutes ses résistances, et le chargea aussitôt du soin de prêcher la parole de Dieu dans tout le diocèse.

Dans cet emploi, cet homme apostolique, marchant sur les traces de l'apôtre, se faisait tout à tous, pour gagner tous les hommes à Jésus-Christ. La charité du prochain et le zèle de l'amour de Dieu l'animant également, personne n'était faible qu'il ne s'affaiblît avec lui ; personne n'était scandalisé sans qu'il brûlât. C'est pourquoi Dieu, qui est fidèle et miséricordieux, ne refuse point à son serviteur la vertu des prodiges qu'il promit à ses apôtres pour autoriser leur mission. Il imposait les mains aux malades et ils recouvraient la santé. Momble travaillait ainsi à se sanctifier et à sanctifier les autres, ne se donnant aucun relâche jour et nuit, quand le temps arriva qu'il devait entrer dans la joie du seigneur et recevoir la récompense du talent qu'il avait fait profiter. Mourant alors de la mort des justes, son âme s'envola au ciel vers son Dieu pour qui il avait abandonné, dès longtemps, sa patrie, ses parents et tout le monde.

Son corps fût inhumé par les fidèles avec l'honneur et le respect qui lui étaient dûs, dans le lieu qu'il avait bâti, nommé de toute antiquité Condren ; les fréquents miracles que le seigneur y opéra par son serviteur et qui éclataient de jour en jour aux yeux du monde, attiraient la dévotion des personnes religieuses qui en prirent soin. Il y avait déjà longtemps que les peuples y venaient de toutes parts, lorsque des prélats, s'apercevant que ce saint lieu était trop étroit et peu convenable aux mérites du bienheureux Momble, pensèrent à transférer ses sacrées dépouilles en un lieu plus honorable.

Litgare, supérieur de l'église de Chauny, à laquelle ce lieu appartenait, et Achard, évêque de Noyon, dans le diocèse duquel reposait le sacré corps, prirent dessein de le transférer dans l'église paroissiale dédiée au prince des apôtres saint Pierre. Étant donc venus à Condren, ils ouvrirent le tombeau du serviteur de Dieu ; ils trouvèrent son corps tout entier, quoiqu'il y eût déjà plusieurs siècles qu'il y eût été mis.

Peu de temps après, il fut apporté à Chauny dans l'Église de Notre-Dame, en laquelle on lui rendit tant d'honneurs, que cette église s'appela non-seulement l'église de Notre-Dame, mais aussi l'église de Saint-Momble. Ces saintes reliques furent déposées dans une châsse d'argent, où elles ont été gardées avec beaucoup de soin et de vénération jusqu'en 1567, qu'une troupe abominable d'hérétiques s'étant jetée sur Chauny, où ils exercèrent toutes sortes de cruautés ; ils tirèrent les saints ossements de la châsse, les manièrent indignement et les jetèrent par terre, ne réservant, par un horrible sacrilége, que l'argent de la châsse, dont ils firent un usage tout profane.

Quelque soin que prissent les habitants pour recouvrer les saintes reliques, ils ne retrouvèrent que le chef, lequel fut mis dans un vase d'argent, où il se garde et est honoré jusqu'à ce jour avec le même respect et avec la même dévotion qu'auparavant.

Saint Fursy fût le chef de cette vénérable compagnie de prédicateurs apostoliques, avec qui saint Momble vint en France.

Saint Foillan et saint Ultan étaient ses cousins germain. Saint Fursy le fit supérieur d'un monastère qu'il aurait bâti en Angleterre.

Saint Euloge se retira à Grimac dans le diocèse de Laon, où il vécut et mourut en solitaire.

Saint Adalgiso vint en Thiérache, où son corps repose dans le monastère de saint Michel.

Saint Gobain demeura proche de saint Momble, au lieu nommé aujourd'hui de son nom, à deux lieues de Chauny, dans le diocèse de Laon. Il y mourut dans les travaux d'une vie très apostolique.

Pour saint Béotian, il nous est inconnu. Nous voyons dans nos autres manuscrits quels sont les miracles que saint Momble fit à Condren ; il y guérit des aveugles, des sourds, des muets, des boiteux, des paralytiques et plusieurs autres malades, par le seul signe de la croix, la prière et l'onction de l'huile bénite. Il y ressuscita un enfant mort et délivra plusieurs possédés du démon.

Il rendit sa belle âme à Dieu, le 18e jour de novembre, sur la fin du septième siècle. La chapelle où il fut enterré a été en vénération jusqu'à nos jours, sous le nom de la chapelle de la Montoye.

Son corps a été transféré deux fois : la première dans l'église paroissiale de Condren, sous l'empereur Louis-le-Débonnaire, par Litgare, supérieur de l'Eglise de Chauny, et Achard, évêque de Noyon.

La seconde fois par les mêmes, et sous le même règne ou environ, de l'Eglise de Condren dans celle de Notre-Dame de Chauny, où il fut apporté avec beaucoup de solennité, dans une chasse d'argent.

La Fête de saint Momble se célèbre dans le diocèse de Noyon le 18 novembre, avec office simple. Il est double à Saint-Eloy-Fontaine et chomable à Notre-Dame de Chauny ; depuis l'an 1677, il y a procession par la ville le 29 août, jour de la seconde translation.

VII

Première église de Chauny.

n doyen et des chanoines desservirent la première église de Chauny qui fut consacrée à la mère de Dieu ; on ne sait pas au juste qu'elle règle ils ont suivi, si c'est celle que Godegrand, évêque de Metz, donna vers l'an 755, au clergé de sa cathédrale, ou les statuts que les pères du concile de Mayence, assemblé en 813, prescrivirent à tous les chanoines de France ; ou bien ceux du concile d'Aix-la-Chapelle, qui fut tenu par les soins de Charlemagne, et que ce prince voulût être observés par tous les chanoines des Églises de sa domination.

Quoi qu'il en soit, elle était très florissante sous le règne de l'empereur Louis le Débonnaire, fils de Charlemagne, ayant dès lors son domaine, dans lequel était le village et l'église de Condren et l'oratoire où saint Momble avait été enterré ; ses chanoines et son doyen que les actes de saint Momble appellent pontife de l'église de Chauny.

Les reliques de ce saint confesseur y ayant été apportées au même temps, de la manière dont on l'a dit dans le chapitre précédent, il s'y fit un si grand concours de peuples qui venaient de toutes parts implorer la secours du ciel par l'intercession de saint Momble, et les miracles qui s'y firent, furent si éclatants et en si grand nombre, qu'elle et ses chanoines furent souvent appelés l'église et les chanoines de saint Momble, au rapport des mêmes actes et d'une bulle du pape Urbain second.

Il faut que ses revenus aient été considérables vers l'an 980, puisque Lyndulphe de Vermandois, évêque de Noyon, qui était alors seigneur de Chauny, les donna à l'abbaye de Saint-Eloy de Noyon, qu'on sait avoir été en ce temps là occupée par les chanoines, puis rétablie dans la règle de saint Benoit et augmentée de plusieurs biens dont jouissent encore aujourd'hui les religieux de Saint-Eloy de Noyon.

Hébert IV, comte de Vermandois et seigneur de Chauny, lui fit et lui procura beaucoup de bien. Outre qu'il lui donna, par son testament de 1050 qui se trouve aux archives de l'abbaye de Vermand, cent sols, comme à toutes les églises de ses états, il lui lég a par préférence la ferme de Térigny et de Flavy : « Je laisse, dit-il, à l'église » de Chauny qui est une de celles que j'aime plus » particulièrement, et à qui j'ai fait ci-devant et » procuré plusieurs biens, mes censes de Térigny » et de Flavy. »

L'abbaye de Saint-Amand en Flandre, ayant été brûlée, l'on porta par la France les reliques du saint, pour recueillir les aumônes des fidèles. Elles passèrent à Chauny, l'an 1066, venant de Laon pour aller à Noyon. Notre église eut le bonheur de les posséder une nuit, durant laquelle un enfant, aveugle de naissance, demeura avec sa mère couché sous la châsse et recouvra la vue par l'attouchement d'une dent et du bâton du saint évêque ; ce que voyant les chanoines, dit Gilbert, moine de Saint-Amand qui était présent, ils coururent aux cloches et nous, nous nous mîmes à chanter les louanges de Dieu.

Radbode II, évêque de Noyon, donna en 1086, à perpétuité, le personnat de la cure de Jussy, qu' desservaient dès ce temps les chanoines de Chauny. Il le fit à la prière de Hugues, seigneur-chatelain de Chauny, et de Mathilde son épouse ; mais à ces conditions : que celui qui serait chargé de la cure, se trouverait tous les ans au synode et qu'il célébrerait son anniversaire après sa mort. Gereluce, doyen de la cathédrale ; Baudry, archidiacre ; Wanches, trésorier ; Dumont, prévost ; Pierre, chantre ; Alard, écolastre, et Guy, chancelier, y donnèrent leur consentement.

La mense commune de l'église était en ce temps là divisée en plusieurs prébendes ; le pape Urbain II, en donna une aux chanoines réguliers de Saint-Quentin et Beauvais, qui étaient en grande estime à cause de leur régularité. Sa bulle est de l'an 1093, par laquelle il en donne cinq autres aux mêmes religieux : une dans l'église de Saint-Quentin de Vermandois ; la seconde dans la collégiale de Nesle, et les trois autres à Beauvais, dans les églises de Saint-Pierre, de Saint-Michel, de Saint-Quentin et de Saint-Vast.

Radbode, dont nous venons de parler, fit encore don en 1097 de la cure de Guyencourt, appelée pour lors Eliscourt, à condition que le doyen des Frères aurait le soin et le personnat de cet autel et assisterait tous les ans au synode. Cette donation fut faite en présence et de l'avis de Jean, abbé ; Rosselin, doyen ; Baudry, archidiacre ; Robert, doyen ; Pierre, chantre ; Landry, sous-chantre ; Gérard, diacre ; Ancelle, custode ; Guy, chancelier, etc., etc.

Baudry, devenu évêque après la mort de Radbode II, donna aussi en 1099, la cure de Seleigne, pour lors aux portes de Chauny, et qui a été depuis réunie à celle de Saint-Martin. Ce fut pareillement à condition que le doyen des chanoines prendrait le soin et le personnat de cette église et assisterait chaque année au synode de l'évêque. Ceux des chanoines qui agréèrent cette donation, furent Pierre, archidiacre ; Rosselin, doyen ; Rorignon, prévôt ; Hugues, trésorier ; Guy, chancelier ; Pierre, chantre ; Gérard, Odon, Godard, (archives de Saint-Éloy-Fontaine).

Dom LABBÉ.

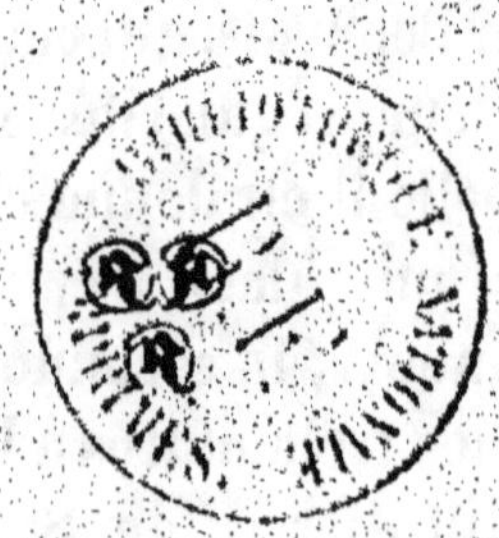

Saint-Quent n. — Imp. Ch. POETTE, rue Croix-Belle-Porte, 10